EXAMEN
SÉRIEUX ET IMPARTIAL
DU
MAGNÉTISME ANIMAL.

Res sacræ sacris hominibus communicantur:
prophanis, id fas non est, priusquàm
scientiæ orgiis initientur.

HYPOCRATE.

Prix 1 liv. 4 sols.

A LONDRES,

Et se trouve A PARIS,

Chez ROYEZ, Libraire, Quai des Augustins,
près la rue Dauphine.

Et chez les Marchands qui vendent des Nouveautés.

Du 26 Juillet 1784.

EXAMEN

SÉRIEUX ET IMPARTIAL

DU MAGNÉTISME ANIMAL.

Ce n'eſt point par des plaiſanteries, **Objet de cet écrit.** quoiqu'agréablement tournées, & même en apparence aſſez bien fondées; c'eſt moins encore par des éloges outrés, & qui annoncent l'enthouſiaſme, qu'on fixera le jugement des gens ſenſés ſur le magnétiſme animal: ce ne peut être que par un examen ſérieux & impartial des faits que préſente ce phénomene, & des conſéquences qu'on en peut tirer. Tel eſt l'objet que je je me propoſe.

Perſuadé, par les principes expoſés dans **Motifs de l'Auteur.** les ouvrages de M. Meſmer, que les effets qu'il annonçoit s'opérer ſur le corps hu-

A

main par le magnétifme animal ; quoiqu'étonnans, ne pouvoient être regardés comme impoffibles ; affuré même de leur vérité par un grand nombre de témoignages dignes de foi; ne pouvant d'ailleurs m'empêcher de les envifager comme intéreffans pour la médecine : j'ai cru devoir m'inftruire de cet objet le plus exactement qu'il me feroit poffible. Ainfi , quoiqu'affez éloigné de la capitale, je m'y fuis tranfporté , foit pour voir les faits avec toutes leurs circonftances, foit pour apprendre par quels moyens ils s'operent, foit pour tâcher de connoître le bien & le mal qui en peuvent réfulter, pour la confervation de la fanté, & pour la guérifon des maladies. *Rien de tout ce qui intéreffe la vie des hommes ne doit être indifférent pour un Médecin.*

J'ai vu pendant long-temps, & un grand nombre de fois, ces faits qui ont paru fi incroyables à tant de Phyficiens & de Médecins; j'en ai moi-même opéré une grande partie: j'offre donc ici le tableau de ce qui s'eft paffé fous mes yeux.

Tous ceux qui étoient magnétifés Faits que préfente le magnétifme animal. n'éprouvoient pas les mêmes fenfations, ni les mêmes ébranlemens : il y en avoit même qui ne fentoient rien du tout. La plupart n'éprouvoient que des chaleurs ou des froids, particulièrement vers le fiége de leur mal. Les uns éprouvoient des fueurs ou des dévoiemens : d'autres, & quelquefois les mêmes, avoient des op-preffions, des toux, des crachemens quelquefois mêlés de fang. Il y en avoit, & fur-tout des femmes, qui tomboient dans des affoupiffemens, dans des convulfions; qui rioient, qui pleuroient, qui chantoient, qui pouffoient des cris. J'ai vu des *Tetanos* bien complets. J'ai vu des hommes dans un état pareil à celui où l'on peint les fom-nambules, ayant les yeux ouverts, mais fixes, ne parlant point, mais montrant par fignes ce qu'ils défiroient, & paroiffant entendre ce qu'on leur difoit, relativement pourtant à ce qu'ils faifoient; & dans cet état, je les ai vu magnétifer les autres très-bien, ou fe magnétifer mutuellement, foit alternativement, foit dans le même temps : dans ce dernier cas ils réfiftoient avec la plus grande force à ceux qui vouloient les féparer ; & lorfqu'on y avoit réuffi, ils faifoient, chacun de leur côté, & pendant très-long-temps, les plus grands efforts pour fe réunir, affurant enfuite ne fe fouvenir de rien de ce qui s'étoit paffé.

Des crifes & de leurs différences. On appelloit cela des crifes. Il y en avoit de plus ou moins violentes, de plus ou moins longues ; mais fouvent les fortes duroient plufieurs heures. Toutes les perfonnes qui les éprouvoient ne les avoient pas tous les jours, & ne les avoient ni également fortes, ni également longues. Cela pouvoit dépendre de leur difpofition actuelle, & fans doute auffi de celle de ceux qui les magnétifoient, peut-être de l'état de l'atmofphère ou de la pofition des aftres dans le temps où on les magnétifoit.

Moyens méchaniques employés pour exciter le magnétifme animal. Pour produire ces effets, outre l'affiftance affez longue autour d'un baquet duquel fortoient, par des trous faits à fon couvercle, des verges de fer courbées, que chaque malade appliquoit vers l'endroit de fon corps qu'il croyoit le fiége de fon mal, outre une grande corde d'une portion de laquelle chacun d'eux entouroit la même partie, outre la chaîne que fai-foient, de temps en temps, les malades qui environnoient le baquet en fe tenant par le pouce, on employoit fur-tout des attouchemens plus ou moins longs fur dif-férentes parties, principalement fur le creux de l'eftomac, vers les hypocondres, vers la partie que l'on croyoit le fiége du mal ou de fa caufe, & en général vers les endroits du corps où fe rencontrent le plus de nerfs, où fe trouvent les *plexus*; parce que le fluide magnétique agiffant fur les nerfs, c'eft vers les endroits où il s'en trouve davantage qu'ils faut le diriger, pour produire de plus grands effets.

Comme les vifceres de l'*abdomen* font le principal fiége des maladies, ou du moins de leur premiere caufe, c'eft cette région de l'*abdomen* qu'on touche le plus fouvent & le plus long-temps: d'ailleurs, l'épigaftre préfentant beaucoup de *plexus*, en touchant un certain temps cette partie on paroît mettre en action tous les nerfs de la per-

A iij

fonne touchée : il s'établit par ce moyen, entre le magnétifé & le magnétifeur, une communication, ou, fi l'on veut, une fympathie, qui peut durer affez long-temps, & qui rend l'action de celui-ci fur l'autre beaucoup plus efficace.

C'eft fur-tout lorfque cette communication a été établie, que le magnétifeur peut produire de grands effets, même fans toucher. Car pour les exciter, il n'eft pas toujours néceffaire de toucher; il fuffit fouvent de diriger ou de promener, fuivant certaines directions, foit par-devant, foit par-derriere, vers la perfonne magnétifée, & à quelque diftance d'elle, & même quelquefois à un affez grand éloignement, ou le doigt index, ou le pouce, ou les deux enfemble, ou même tous les doigts, ou une baguette, ou une canne, ou quelqu'autre conducteur. Il fuffit même de faire réfléchir fur elle le fluide magnétique par une glace vers laquelle on dirige le pouce, ou l'index, ou un conducteur quelconque.

Ces pratiques ont même quelquefois leur effet fans que la communication ait été

établie. Mais elles l'ont bien plus sûrement, & à un dégré bien plus fort, lorfqu'elle a eu lieu. Elles operent alors quelquefois à travers une porte, ou à travers
le corps d'une autre perfonne qui n'éprouve
rien. Les derniers faits paffent pour conf-
tans; mais j'avoue que je n'en ai pas été
témoin.

Lorfque les crifes, mêmes les plus violentes, finiffent, les perfonnes, au lieu
de fe trouver foibles & laffes, fe fentent
mieux qu'auparavant. Elles ne fe trouvent
incommodées que lorfque par imprudence
ou par ignorance on a interrompu les crifes,
foit en ceffant trop tôt de magnétifer, foit
en le faifant dans un fens contraire à celui
dans lequel on l'avoit fait pour les exciter.

J'ai donc vu, & bien vu, tous les faits
qui paroiffent conftater que le magnétifme
animal n'eft point une chimere, qu'il fort
réellement du magnétifeur un fluide très-
fubtil, qui agit plus ou moins fur les nerfs
du magnétifé, fuivant la quantité plus ou
moins grande de ce fluide, qui eft inférée,

Principe
fuppofé
par l'Au-
teur.

A iv

accumulée , concentrée en lui, ou du moins, fuivant la maniere plus ou moins forte avec laquelle le fluide tranfmis par le magnétifeur agit fur le magnétifé : car il me paroît incertain fi c'eft par une augmentation de quantité, ou par une augmentation de mouvement & de force que ce fluide agit fur le magnétifé. On conçoit que les mêmes effets peuvent réfulter en le fuppofant agir de l'une ou de l'autre maniere. Les effets font plus ou moins grands, à proportion de ce que le magnétifeur eft plus ou moins doué de force magnétique, & de ce que le magnétifé a les nerfs plus ou moins fenfibles à l'action du fluide magnétique.

Objection. En vain dira-t-on que c'eft l'imagination du magnétifé qui produit tous ces effets. *Réponfe.* S'il y en a plufieurs auxquels elle peut donner naiffance, il y en a qu'on ne peut certainement lui attribuer. J'ai vu des perfonnes chez qui on les excitoit, non-feulement fans qu'on les touchât, mais même fans qu'elles puffent fe douter qu'on les magnétifoit, de quelque maniere que ce fût ;

tous les mouvemens du magnétiſeur ſe faiſant à leur inſçu. .

Je dois donc regarder comme certain, d'après le témoignage de mes propres yeux, qu'il y a dans le magnétiſme animal un phénomene phyſique très-réel & très-digne de l'attention des Phyſiciens, & par conſéquent des Médecins, au moins comme phénomene phyſique.

Mais il y a un autre point beaucoup plus important que celui-là ; c'eſt de ſavoir ſi cette découverte eſt vraiment utile pour la conſervation de la ſanté , & pour la guériſon des maladies, & juſqu'où s'étend cette utilité.

Si le ma-
gnétiſme
animal eſt
utile dans
les mala-
dies.

Je ne puis offrir ſur cet objet que des réflexions & des conjectures. J'ai ſuivi aſſez long-temps les traitemens communs de M. * * *, pour m'aſſurer de la réalité du phénomene phyſique ; mais je ne les ai pas ſuivis aſſez long-temps pour m'aſ-ſurer de la réalité des guériſons qu'on lui attribue. J'ai magnétiſé moi-même un aſſez grand nombre de perſonnes ; j'ai eu grand ſoin de les interroger toutes ſur leurs

Témoi-
gnages des
malades.

maladies, & fur les avantages qu'elles avoient retirés du magnétifme animal. Toutes, à l'exception d'une feule, m'ont affuré qu'elles étoient mieux, plus ou moins : mais aucune ne m'a affuré qu'elle fût guérie. Voilà tout ce que j'ai pu connoître par moi-même de l'utilité du magnétifme animal : je dois donc me borner à expofer mes réflexions & mes conjectures fur ce qu'en difent ceux qui, comme MM. Mefmer & d'Eflon, fe croyent affurés de fes grands avantages par des expériences très-multipliées, & c'eft ce que je vais faire.

Affertions de MM. Mefmer & d'Eflon

Il fembleroit d'abord que des ébranlemens auffi confidérables ne peuvent manquer de faire du bien ou du mal, fuivant les circonftances & l'application qu'on en fait. Cela n'eft point ainfi, fuivant Meffieurs Mefmer & d'Eflon. Ils prétendent

Premiere Affertion. Le magnétifme animal ne fait jamais de mal.

qu'il peut faire beaucoup de bien, & jamais de mal. La raifon qu'ils en donnent, c'eft que les parties faines le laiffant paffer librement, elles n'en peuvent recevoir d'ébranlement extraordinaire, & que les parties malades n'en pouvant recevoir qu'une certaine quantité, (comme un vafe de pinte ne peut recevoir qu'une pinte de liqueur) elles n'en fauroient être furchargées. Ils appuyent d'ailleurs cette théorie fur l'expérience : ils affurent n'avoir jamais remarqué aucun mauvais effet des crifes les plus fortes, mêmes des toux violentes & des crachemens de fang dans les perfonnes malades de la poitrine.

A l'égard du fait, il me femble qu'on n'en fera bien affuré que lorfque le témoignage de ces Docteurs fera confirmé par celui d'un certain nombre de leurs confreres, qu'on ne pourra foupçonner d'aucun autre intérêt que de celui du bien public. Ce n'eft pas que je veuille jetter aucun nuage fur la fincérité de ces Meffieurs : mais ne peut-on pas craindre, fans leur faire injure, qu'étant hommes, ils ne fe foient fait un peu illufion, & qu'ils n'ayent pas tiré toutes les conféquences qui pouvoient réfulter de ce qu'ils ont vu.

A l'égard de la raifon qu'ils donnent de

leur affertion, elle paroît fouffrir bien des difficultés. Le magnétifme animal ne produifant chez nous des changemens que par fon action fur nos nerfs, il me femble bien difficile de croire que cette action ne puiffe jamais être trop forte. Ce point fera difcuté plus amplement par la fuite.

Ces Meffieurs vont plus loin : ils foutiennent que le magnétifme convient dans toutes les maladies, & qu'il peut les guérir toutes, excepté celles qui dépendent d'une organifation détruite dans une partie dont les fonctions font néceffaires à la vie. Ainfi, felon eux, le magnétifme animal convient dans les maladies chroniques & dans les maladies aigues : mais c'eft dans celles-ci que fon efficacité fe montre plus fouvent, & d'une maniere plus brillante.

En prenant cette affertion dans toute fa généralité, ils ne peuvent l'appuyer d'aucune expérience. Car n'ayant pas encore traité toutes fortes de maladies par le magnétifme animal, ils ne peuvent pas citer des guérifons de toutes les fortes opérées par cet agent. Mais ils l'étayent d'un prin-

cipe qui leur paroît certain, & dont cette
thèſe leur paroît une conſéquence néceſſaire.
Ils ſoutiennent que malgré la variété appa-
rente des maladies, il n'y en a au fond qu'une
ſeule, qui eſt l'obſtruction ; & ils concluent
de ce principe qu'il n'y a non plus qu'un
remede : d'où il ſuit que le magnétiſme
animal guériſſant certainement un grand
nombre de ces accidens, qu'on appelle
maladies, il doit être propre a les guérir
toutes.

pement de cette ſeconde aſſertion.

Ce principe qu'on trouve dans tous les
écrits de ces Meſſieurs, mais que je ne vois
prouvé nulle part, me ſemble pouvoir être
conteſté par de bonnes raiſons : j'en vais
expoſer quelques-unes.

1°. Notre corps eſt compoſé de ſolides
& de liquides, & c'eſt de leur équilibre ou
de leur harmonie que dépend la ſanté. Il
eſt évident, en effet, que toutes les fonctions du corps ſe faiſant bien lorſque cette
harmonie a lieu, on doit jouir, tant qu'elle
dure, d'une bonne ſanté. Mais cette harmonie n'ayant lieu qu'autant que les liquides & les fluides ſont en bon état, s'ils

Premiere Objection.

contractent des vices, elle ceffera ; & par-
là les fonctions, & par conféquent la fanté,
fe dérangeront. Or les folides & les liquides peuvent fe vicier de différentes ma-
nieres : les folides peuvent être trop tendus
ou trop relâchés, ils peuvent avoir trop
ou trop peu de fenfibilité ou d'irritabilité ;
les fluides peuvent être trop épais, trop
vifqueux, ou trop diffous ; ils peuvent
contracter différentes fortes ou différents
dégrés d'acrimonie. Voilà donc différentes
efpeces de dérangement, & même des efpeces oppofées, que l'on ne peut s'empêcher de regarder comme différentes efpeces
de maladies, & même comme des maladies
oppofées. Il n'eft donc point vrai qu'il n'y
ait qu'une feule maladie : & comme des
maladies, non-feulement différentes, mais
même de nature oppofée, demandent des
remedes différens, il ne peut être vrai qu'il
n'y ait qu'un remede.

Seconde
Objection.

2°. Quand il feroit vrai que toutes les
maladies fe réduifent à une feule, l'obftruction, principe détruit par l'infpection
feule des cadavres, dans plufieurs defquels

(15)

on n'en a trouvé aucune trace ; il ne s'en
fuivroit nullement qu'il n'y a qu'un feul
remede : les obftructions ne fe forment-elles
pas elles-mêmes par un vice antérieur dans
les folides ou dans les liquides, ou dans
les uns & dans les autres ? & par conféquent ne font-elles pas fouvent l'effet de
caufes fort différentes, ou même oppofées ?
Comment donc prétendre qu'il n'y a qu'un
feul & même remede ? On ne détruit l'effet
qu'en détruifant la caufe ; & lorfque les
caufes font différentes, ne faut-il pas pour
les détruire des moyens différens ? à plus
forte raifon lorfqu'elles font oppofées.

  3°. Enfin M. Mefmer faifant ufage d'autres Troifieme
remedes que du magnétifme animal, com- Objection.
ment peut-il foutenir qu'il n'y a qu'une
feule maladie & qu'un feul remede ? C'eft
une contradiction manifefte. Auffi n'eft-il
pas bien conftant dans ce principe, puifque
dans fa vingt-troifieme propofition il admet
au moins deux fortes de maladies : celle
des nerfs, & celle qu'il appelle *les autres*.

  Il faut donc convenir que le principe
dont ces Meffieurs fe fervent pour prouver

que le magnétifme convient, & fuffit même à toutes les maladies, eft au moins très-incertain; & que fi c'eft une vérité, comme elle paroît oppofée à toutes les idées reçues, il ne peut y avoir qu'une longue expérience qui en convainque les efprits folides. On pourroit traiter ce point d'une maniere infiniment plus étendue, mais on ne veut pas faire un livre.

Troifieme Affertion de MM. Mefmer & d'Eflon.

Ces Meffieurs ajoutent que l'ufage du magnétifme peut prévenir toutes les mala-dies.

Comme cette affertion eft fans doute appuyée, ainfi que la précédente, fur le principe que toutes les maladies fe ré-

Plufieurs raifons pour la révoquer en doute.

duifent à une feule, qui eft l'obftruction; ce que l'on vient de dire au moins fur l'in-certitude de ce principe, doit les rendre auffi douteufes l'une que l'autre.

Paffions humaines.

Il eft d'ailleurs conftant qu'un grand nombre de maladies dépend de caufes mo-rales, comme de chagrin, de paffions vives, d'ambition, d'envie, de haine,

Excès de divers gen-res.

d'amour que l'on ne peut vaincre, ou d'ex-cès auxquels on veut continuer de fe livrer.

Or

Or on demande comment le magnétifme pourra prévenir les maladies qui viennent de ces caufes. Guérira-t-il de ces paffions? otera-t-il le goût de ces excès? Ces Meffieurs le prétendent; mais qui pourra le croire? Il faut que M. Mefmer en foit bien peu perfuadé lui-même, puifque fouvent il reproche à plufieurs de fes malades leur inconduite, comme caufe du peu de fuccès de fon remede. Ils auroient peut-être autant de droit de lui reprocher le peu d'efficacité de fon remede, puifqu'il ne corrige pas leur mauvaife conduite.

Je crois que l'on peut encore ranger au nombre des maladies dont le magnétifme ne délivre pas, celles qui font contagieufes, & beaucoup de celles qui font épidémiques. Il faudroit la plus longue expérience, & la plus répétée, pour perfuader le contraire.

Maladies contagieufes, épidémies.

Je penfe donc qu'on doit reftreindre infiniment ce que ces Meffieurs ont dit des admirables effets du magnétifme, foit pour guérir les maladies, foit pour les prévenir. Il me femble même que convaincus que

Meffieurs

B

Mesmer & d'Eslon sont aujourd'hui plus réservés dans leurs pronoftics.

& son utilité a des bornes, par un assez grand nombre de fâcheuses expériences, par la mort de plusieurs personnes dont ils avoient promis la guérison, ils sont aujourd'hui beaucoup plus réservés que par le passé sur le pronostic, & qu'ils insistent bien moins sur cette vertu universellement préservative & curative, qu'ils attribuoient au magnétisme. La maladie & la mort de M. de G., qui avoit tant vanté cette double vertu, & qui est mort, malgré le magnétisme, chez M. Mesmer, où il avoit passé trois semaines avant de mourir, sont un argument invincible contre cette prétention.

Du magnétisme animal, comme préservatif.

Jusqu'où peut-on croire raisonnablement que s'étend la vertu du magnétisme, soit comme préservatif des maladies, soit comme moyen curatif ?

Quand au premier objet, ce que je viens de dire, semble prouver que ceux qui jusqu'à présent ont le plus employé cet agent, ne peuvent encore donner que des conjectures fondées sur le principe que j'ai exposé, & par conséquent assez mal appuyées.

Pour le second, si l'on n'en veut juger que par les faits, il me semble que l'on doit encore se tenir beaucoup sur la réserve. Je sais que MM. Mesmer & d'Eslon, qui font usage du magnétisme depuis long-temps, assurent avoir vu un grand nombre de maladies aigues & de maladies chroniques, guéries par ce moyen. Mais, comme je l'ai déjà observé, n'est-il pas à craindre qu'ils ne se soyent un peu fait illusion ? Je m'explique.

Je crois qu'il y a eu un assez grand nombre de malades guéris parmi ceux que l'on a magnétisés: mais est-il bien certain que ces guérisons ayent été opérées par le magnétisme ? Voilà ce dont il s'agit. Les coctions & les crises, par lesquelles ces guérisons ont été opérées, ne suffisent pas pour le prouver, parce qu'il n'est pas certain que ces coctions & ces crises ayent été elles-mêmes l'effet du magnétisme. Pour éclaircir ce point, je vais présenter quelques observations que personne ne contestera. Elles ont pour objet les maladies aigues, dans la guérison desquelles, suivant ſes partiſans les plus zélés, le magnétiſme montre ſur-tout ſon pouvoir.

Premiere Obſervation.

1°. Il eſt d'expérience que ſur cent maladies aigues de différentes eſpeces, & priſes au haſard, (car on n'entend pas parler ici ſeulement de celles qui ſont les plus dangereuſes, comme les fiévres malignes, les grandes inflammations ; ces maladies forment toujours le petit nombre de celles que les Médecins appellent aigues, ſi ce n'eſt dans les épidémies) : il eſt, dis-je, d'expérience, que ſur cent maladies aigues priſes de cette maniere, il s'en guérit les trois quarts par les ſeules forces de la nature, & en ſuivant ſon inſtinَt ; & elles ne guériſſent que par des coَtions & des criſes. Les coَtions & les criſes, & les guériſons qui en ſont l'effet, peuvent donc être ſouvent l'ouvrage de la nature ſeule.

Seconde Obſervations.

2°. Lorſque dans ces maladies on joint, ſuivant les indications, aux reſſources de la nature certains remedes, quoiqu'en petit nombre, mais appliqués à propos, (comme la ſaignée, les vomitifs, quelques légers purgatifs, la crême de tartre, les boiſſons

humectantes, rafraîchissantes, délayantes);
au lieu des trois quarts, on guérit environ
les trois quarts & demi de ceux qui en sont
attaqués.

3°. On sait aussi que M. Mesmer, outre Troisieme
Observa-
tion.
le magnétisme, employe souvent tous ces
secours dans les maladies.

Qu'il guérisse donc quatre-vingt-cinq
malades de maladies aigues, sur cent qui
sont traités par le magnétisme animal ac-
compagné de ces remedes; on fera sonner
bien haut un aussi grand nombre de guérisons, & on persuadera le peuple & les
grands des avantages de cette nouvelle
méthode sur la méthode ordinaire. Cependant que peut-on conclure au juste de
ces guérisons en faveur de ce moyen? rien
du tout, si ce n'est qu'il ne les a pas em-
pêchées, puisqu'elles auroient également
eu lieu sans lui.

4°. Ne sait-on pas d'ailleurs que rien Quatrieme
Observa-
tion.
n'est plus difficile que d'assigner la vraie
cause des maladies aigues? M. Mesmer dit
que cette cause est impossible à démontrer.

J'ai fait cette observation à des magné- Réplique

B iij

tifans zélés, qui conviennent de fa vérité : mais ils prétendent qu'elle n'a pas une jufte application dans le fens dont il s'agit, parce que les coctions & les crifes, & par conféquent les guérifons s'opérant bien plus promptement lorfqu'on employe le magnétifme que dans les cas ordinaires, cette célérité prouve qu'elles font évidemment l'effet du magnétifme.

Quand le fait de la célérité fera bien prouvé, il me femble qu'il faudra convenir de la conféquence : on ne pourra même s'empêcher de regarder cette célérité comme un grand avantage, fi les guérifons font folides. Mais ce fait (que je ne nie pas, & que je regarde même comme affez vraifemblable, parce qu'en effet, dans bien des cas, en augmentant l'action des nerfs, on doit accélérer les coctions & les crifes qui fe feroient à la vérité fans cette augmentation d'action, mais qui fe feroient bien plus lentement) ce fait, dis-je, peut-il être regardé comme fuffifamment prouvé aujourd'hui ? Je crois qu'il s'en faut de beaucoup ; il ne le fera que lorfque nous aurons des

hiftoires bien exactes & bien circonftan-
ciées d'un grand nombre de traitemens
dans lefquels il aura eu lieu. Car une dou-
zaine de guérifons promptes, fur cent qui
auroient fuivi la marche ordinaire, ne prou-
veroit rien, n'étant pas fort rare de voir
dans le traitement ordinaire des guérifons
très-promptes de maladies qui fembloient
devoir durer affez long-temps.

Mais quand aurons-nous une pareille col-
lection de faits ? Il n'y a que le Gouverne-
ment qui puiffe nous la procurer; & il ne
le fera peut-être pas fi-tôt, quoiqu'il le
puiffe aifément. Il ne faudroit pour cela
qu'un ordre de prendre dans un hôpital
deux falles, chacune non pas de douze,
mais de trente ou quarante malades attaqués de maladies aigues prifes, comme
on dit, au hafard. Les malades d'une de
ces falles feroient traités fuivant la méthode ordinaire, par de bons praticiens;
& ceux de l'autre le feroient par MM. Mefmer & d'Eflon. On conftateroit dès le
commencement l'état de chaque malade,
& on en tiendroit regiftre dans une forme

convenable : on tiendroit pareillement un journal exaĉt de ce qui feroit fait chaque jour à chacun d'eux, & de ce qu'ils éprouve-roient : enfin on rendroit compte de la guérifon, ou de la mort, ou des autres fuites, s'il y en avoit ; & on répéteroit cette comparaifon dix ou douze fois dans le cours d'une année. Je penfe qu'une pareille épreuve donneroit de grandes lu-mieres fur le point dont il s'agit, & que c'eft peut-être la feule qui en puiffe four-nir de fuffifantes.

Ne feroit-on pas tenté de juger de la plupart des récits par celui de M. Court de Gebelin, qui (*page 4 de fa Lettre*) donne fa guérifon pour un exemple de guérifon parfaite, & que M. Mefmer affure aujourd'hui n'avoir été que foulagé ? (*Lettre fur la mort de M. Court de Gebelin*).

On pourroit pratiquer la même chofe pour les maladies chroniques, à l'égard defquelles l'efficacité du magnétifme ani-mal n'a pas été mieux conftatée qu'à l'égard des maladies aigues. Car ce ne font pas douze ou quinze guérifons un peu remarquables, fur peut-être cinq cents maladies chroniques traitées par le magnétifme animal, qui peuvent fixer le jugement des gens raifonnables fur fon utilité dans ces maladies. On pourroit d'ailleurs appliquer, jufqu'à un certain point, à un grand nombre de ces maladies, nos obfervations fur la marche & l'iffue des maladies aigues.

Dans l'état actuel des chofes, que doit donc faire un Médecin fage, inftruit d'ailleurs de tout ce qu'on connoît du magnétifme animal, & perfuadé de fes effets phyfiques, mais qui n'a pu encore s'affurer de fon utilité, foit dans les maladies aigues, foit dans les maladies chroniques, quoiqu'il apperçoive des préfomptions en fa faveur ? *Que doit faire un Médecin prudent ?*

La folution de cette queftion eft délicate. Je vais expofer ce que je penfe ; mais je ne voudrois pas que ce que je vais propofer fût adopté légèrement par mes confreres.

1°. Si l'on a à traiter de ces maladies chroniques que la médecine ordinaire guérit rarement, comme des obftructions anciennes, comme beaucoup de maladies de nerfs, telles que l'épiléfie-idiopathique, la *Dans les maladies chroniques* folie, la paralyſie ſur-tout, en général toutes les maladies chroniques où il y a relâchement; il me ſemble qu'on ne courre aucun riſque en employant le magnétiſme animal. On pourra ne pas guérir, ou n'obtenir que quelques guériſons, ou des ſoulagemens: mais il y a lieu de croire que l'on ne nuira pas. Je crois pourtant qu'il ſeroit prudent d'y joindre, ſuivant les indications, l'uſage des remedes ordinaires, dont on n'a aucun mauvais effet à craindre, comme les bains, les fondans, les délayans, les béchiques légèrement inciſifs, le régime adouciſſant, le petit lait, &c. Ces moyens & le magnétiſme s'aideroient mutuellement au lieu de ſe nuire. Ce que je dirai plus bas des maladies dans leſquelles je penſe en général que le magnétiſme peut être utile, fera voir que le ſentiment que je propoſe n'eſt pas haſardé.

Dans les maladies aigues. A l'égard des maladies aigues, je diſtinguerois: ou les maladies ſeroient de celles qui ſont dangereuſes en elles-mêmes, & qui parcourent leurs temps avec rapidité, ou elles ſeroient de celles qui préſentent peu de danger, ou qui du moins ne parcourent pas leurs temps fort promptement.

Dans le premier cas, fi j'employois le magnétifme, je me donnerois bien de garde de le faire à l'exclufion des remedes ordinaires. Ma raifon eft que, par l'hypotèfe, elles font dangereufes & parcourent leurs temps avec rapidité, & que l'on voit fouvent le magnétifme agir, opérer lentement : fi donc le fujet que l'on traite étoit de ceux fur qui le magnétifme agit lentement, en fupprimant les fecours ordinaires ne pourroit-il pas fe faire qu'il mourût avant que le magnétifme opérât. On verra plus bas qu'il s'en faut bien que je penfe que le magnétifme puiffe toujours, dans ces maladies, être joint aux autres remedes, du moins dans le commencement.

Dans le fecond cas, il y a infiniment moins de rifques à effayer l'effet du magnétifme à l'exclufion des autres remedes. Cependant il peut auffi y en avoir, comme il peut auffi arriver que l'union de cet agent aux autres remedes foit nuifible.

Premier cas.

Second cas.

Je penfe donc en général qu'il feroit imprudent, dans bien des maladies aigues, non-feulement d'abandonner l'ancienne méthode pour fuivre la nouvelle, j'en viens de donner la raifon; mais même de joindre toujours celle-ci à la premiere. Ce feroit fuppofer qu'elle ne peut jamais nuire, & c'eft ce que l'expérience n'a point encore prouvé. Les principes, la raifon femblent même dire le contraire, ainfi que je vais le faire voir.

Pourquoi le magnétifme animal peut-il - nuire dans certaines maladies?

Je crois qu'il y a un fluide magnétique qui paffe du magnétifeur au magnétifé, foit immédiatement, foit par le moyen de conducteurs. Je crois que ce fluide agit fur les nerfs, & que c'eft par cette action qu'il peut être utile, en procurant des coctions & des crifes. Je crois même que comme fon action fur les nerfs, & fpécialement fur ceux de la partie qui eft le fiége du mal ou de fa caufe, eft directe, il peut les opérer d'une maniere plus fûre & plus prompte que celle qui s'opere à l'aide des remedes ordinaires, ou par l'action feule de la nature. Mais n'a-t-on point à craindre dans bien des cas que ce furcroît d'action ne foit de trop?

Pour produire de bonnes coctions, de bonnes crifes, il faut un certain dégré d'action dans les nerfs. Trop forte ou trop foible, elles s'opéreront mal. Si donc il s'agiffoit d'un malade chez qui cette action feroit déjà trop forte, comme lorf-qu'il y a une très groffe fiévre, beaucoup d'érétifme, au point de faire craindre une inflammation, fi elle n'exifte déjà; croit-on que l'on puiffe fans danger l'augmenter encore par le magnétifme? Je ne vois pas quelle réponfe on pourroit faire à cette difficulté: car le fluide magnétique étant la feule caufe de l'action des nerfs, fuivant M. Mefmer, une plus grande affluence ou une plus forte impulfion de ce fluide doit néceffairement augmenter leur action.

Qu'on emploie fans crainte le magné-tifme dans toutes les maladies, foit chro-niques, foit aigues, où l'action des nerfs ou de la nature (car c'eft la même chofe) paroît trop foible, à la bonne heure: on ne s'écartera pas des vraies regles de la

médecine. Mais l'employer lorfque cette
action eft déjà trop forte, c'eft, ce me
femble, aller contre tous les principes, &
contre la raifon même.

S'il y avoit un magnétifme en moins
comme il y en a un en plus, ou bien fi l'on
pouvoit fouftraire le fluide magnétique, ou
diminuer fon action, & que l'on eût des
moyens certains de faire l'un ou l'autre à
volonté, on pourroit affurément foutenir
en général que le magnétifme ne peut jamais nuire, fi ce n'eft dans le cas où l'action des nerfs étant précifément au dégré
convenable pour opérer les coctions & les
crifes, il ne faut ni l'augmenter ni la diminuer. Mais on ne connoît point de magnétifme en moins, fi ce n'eft dans les
cas très-rares. C'eft même plutôt un anti-
magnétifme qu'un magnétifme en moins.
On ne connoît point de moyens pour fouftraire le fluide magnétique ou diminuer fon
action : on n'en connoît que de propres à
l'augmenter. Y ayant donc des cas où l'action des nerfs doit plutôt être affoiblie
qu'augmentée ; c'eft préfenter une maxime

infoutenable, que d'affurer que le magnétifme ne peut jamais nuire.

Comment même croire que ceux qui le
difent en foient perfuadés, lorfqu'on les voit
ordonner la faignée, & même des faignées
répétées ? N'eft-ce pas pour affoiblir l'action des nerfs qu'ils les ordonnent ? Ce
feroit donc fe contredire que de cher-
cher en même temps à l'augmenter par
l'ufage du magnétifme.

C'eft donc, ce me femble, tout l'ufage
que l'on puiffe faire de cette découverte,
que de joindre le magnétifme aux méthodes
connues par leur utilité dans tous les cas
où l'action des nerfs a befoin d'être augmentée ; & c'eft donner beaucoup d'étendue à fon ufage. Je penfe même que cette
réunion eft le meilleur moyen de le rendre
utile : du moins eft-il contre toute apparence qu'elle puiffe nuire à fon action.
M. Mefmer paroît le penfer ainfi, *propofition vingt-quatre.*

Au refte, fi l'expérience apprend que le
Magnétifme fuffit feul dans bien des cas,
& quels font ces cas, on fera bien de s'en

contenter. Mais ces épreuves doivent fe faire avec beaucoup de prudence.

Je fens bien que c'eft diminuer la gloire du magnétifme, que de reftreindre fon ufage à une partie des maladies , quoique cette partie foit fort étendue; & que c'eft même obfcurcir celle qui lui refte que de lui unir d'autres remedes. Mais que nous importe toute autre confidération que celle du bien des malades ? M. Mefmer ne nous donne-t-il pas lui-même l'exemple de nous conduire ainfi , en joignant au magnétifme plufieurs des remedes qu'on regarde comme les plus importans dans la médecine ordinaire ? faignées, vomitifs, purgatifs, boiffons rafraîchiffantes, délayantes, adouciffantes, crême de tartre, magnéfie, bains; il employe tous ces moyens, & peut-être par la fuite en employera-t-il encore d'autres. Auffi a-t-il écrit qu'ils n'y avoit que les Médecins inftruits qui puffent faire un ufage utile du magnétifme; ce qui ne feroit pas vrai fi le remede fuffifoit feul, & qu'il ne pût jamais nuire.

Malgré cette union , fi l'expérience

prouve

prouve qu'avec le magnétifme les maladies guériffent plus fûrement & plus prompte-ment, quoiqu'elles ne guériffent pas toutes par fon moyen, on aura de grandes obli-gations à M. Mefmer: elles feront encore bien plus grandes, fi l'expérience nous fait connoître que le magnétifme a la vertu, je ne dis pas de prévenir toutes les mala-dies, cela eft impoffible, mais d'en pré-venir un grand nombre. L'avantage de prévenir les maladies eft bien fupérieur à celui de les guérir.

Il me femble que, reftreindre à ces bornes les vertus & l'ufage du magné-tifme, c'eft préfenter une doctrine qui n'offre rien d'abfurde, qui, au contraire, s'arrange fort bien avec ce qu'enfeigne la bonne médecine. Ce n'eft pas, à la vérité, L'hiftoire expliquer ce que c'eft que cet agent: mais du magné-tifme miné-connoît-on mieux le magnétifme minéral? ral forme On l'admet cependant, parce qu'on ne peut un préjugé favorable nier les faits qui prouvent fon exiftence & pour le ma-gnétifme fon action: on défire même en pouvoir animal. tirer parti pour la guérifon des maladies, & on fait des effais pour y parvenir. Des

C

faits inconteſtables prouvant également l'exiſtence & l'action du magnétiſme animal, comment pourroit-on refuſer de reconnoître ſa réalité parce qu'on ignore ſa nature? Pourquoi ne chercheroit-on pas de même à le rendre utile aux malades? pourquoi ne feroit-on pas des eſſais? Il eſt donc à ſouhaiter que les bons Médecins s'en occupent. Employé par eux avec prudence & ſageſſe, il y a lieu de ſe flatter qu'il deviendra un nouveau moyen de guériſon fort important. On ſait que l'uſage des toniques eſt fort étendu dans la Médecine; & le magnétiſme animal en préſente un d'autant plus efficace & plus étendu, qu'il paroît agir directement ſur les parties qui en ont beſoin. Mais n'agit-il que ſur celles-là, comme ſes partiſans le prétendent? Pour le penſer, il faut ſuppoſer qu'une partie des convulſions des magnétiſés n'a lieu que par l'effet de la ſympathie qui exiſte entre les nerfs de la partie malade & ceux des membres qui tombent en convulſion; ce qui eſt très poſſible: mais cela même donne auſſi lieu de croire que ces convulsions ne font qu'un inconvénient, & non un moyen de guérifon. Au refte, que le magnétifme augmente l'action des nerfs dans les parties mêmes qui n'ont pas befoin de cette augmentation, & que ce foit un inconvénient, il le partage avec les autres toniques, qu'il eft bien plus difficile d'en exempter que lui.

un inconvénient qu'un moyen de guérifon. Pourquoi ?

Au furplus, les principes de M. Mefmer ne font pas dans le fond auffi différens de ceux des autres Médecins qu'on pourroit fe le figurer.

Conformité des principes de M. Mefmer avec ceux des autres Médecins.

M. Mefmer penfe que tout ce qui s'opere dans notre corps, tous fes mouvemens, foit internes foit externes, en fanté comme en maladie, s'operent par l'action des nerfs : les autres Médecins le penfent auffi.

M. Mefmer penfe que l'action des nerfs dépend elle-même de celle d'un fluide très-fubtil : les autres Médecins le penfent auffi.

M. Mefmer penfe que ce fluide eft lui-même foumis à différens agens, dont les uns font hors de nous, & ce font tous les

corps environnans; les autres font en nous-
mêmes , ce font les différentes affec-
tions de notre ame , notre volonté ,
nos paſſions , l'organiſation de notre ma-
chine : les autres Médecins penſent de
même.

M. Meſmer penſe que le bon état de
nos fonctions, duquel dépend la ſanté,
s'entretient par l'action réguliere de nos
nerfs : les autres Médecins le penſent
ainſi.

M. Meſmer prétend que la guériſon de
nos maladies s'operent par des coctions
& par des criſes qui font l'effet d'une action
convenable de nos nerfs : les autres Médecins font de même ſentiment.

En quoi ils different. En quoi different-ils donc ? le voici.
M. Meſmer croit être parvenu à pouvoir
diriger à volonté, d'une maniere directe,
& par des moyens fort faciles, le fluide
qui met nos nerfs en action, & par-là à
leur procurer celle qui leur eſt convenable,
ſoit pour la conſervation de la ſanté, ſoit
pour la guériſon des maladies : il croit
connoître, mieux qu'on n'a fait juſqu'à

préſent, la nature de ce fluide. Les autres Médecins avouent ne pouvoir pas prétendre à tous ces avantages; mais ils déſirent qu'ils ſoient réels : & , s'ils ne ſe preſſent pas d'adopter ſa doctrine, c'eſt qu'ils y trouvent des difficultés bien fondées, du moins en la prenant dans toute ſon étendue ; & qu'ils attendent qu'une expérience ſuffiſante ait conſtaté ce qu'elle a de vrai , & fait connoître les maladies & les circonſtances des maladies dans leſquelles ſon uſage ſera utile. On ne doit pas leur ſavoir mauvais gré de cette réſerve, ſur-tout ſi l'on fait attention que M. Meſmer a déjà lui-même beaucoup rapproché les bornes de ſes prétentions; car c'eſt ainſi qu'il faut entendre les contradictions dans leſquelles il eſt tombé. Il convient que ſa découverte eſt encore dans ſon enfance, & qu'elle a beſoin d'être perfectionnée par beaucoup d'obſervations & de réflexions.

On pourroit même aller plus loin, & dire qu'il ſeroit très à ſouhaiter que les procédés du magnétiſme animal ne fuſſent plus un ſecret pour perſonne. Il en pour

foit fans doute réfulter quelques inconvéniens , parce que le magnétifme animal
pourroit être apliqué dans des cas où il ne
conviendroit point , ou pratiqué à contre-
fens : peut-être même des méchans en abu-
feroient-ils d'une maniere dangereufe.
Mais ces inconvéniens lui font communs
avec bien d'autres remedes connus de
tout le monde , comme le tartre ftibié ,
l'opium, &c. : & , ce qui n'a pas lieu à
l'égard des autres remedes , ils feroient
compenfés par des avantages bien plus
grands , dont deux fur-tout doivent frap-
per vivement.

Premiere raifon.   Le premier, c'eft que ce nouveau moyen
de guérifon fera alors employé pour tous
les malades à qui il pourra être utile ; au
lieu que tant qu'il ne fera connu que fous
le fceau du fecret, le fût-il de tous les
Médecins , bien peu de gens en profitent ,
du moins pour les maladies aigues. En
effet , n'eft-il pas de toute impoffibilité que
la vingtieme partie de ceux à qui il pourroit
convenir dans ces maladies , foit magnétifée par des Médecins autant & auffi

long-temps qu'il seroit nécessaire que ces malades le fussent. Le même inconvénient aura lieu pour les maladies chroniques, dans les petites villes & dans les campagnes où on ne pourra établir de traitemens communs.

Le second avantage, c'est que les femmes pouvant magnétiser les femmes, on ne seroit plus dans le cas de reprocher à la pratique du magnétisme animal une indécence révoltante qui en paroîtra toujours inséparable dans certains cas, tant qu'on ne la confiera qu'aux seuls hommes. *Seconde raison.*

M. Mesmer a sûrement senti ces avantages de la publicité de sa méthode, puisqu'il s'est engagé solemnellement à la rendre publique, quand il aura trouvé les moyens de mettre tout le monde, les curés, les peres & les meres de famille, &c., en état de comprendre ses procédés & d'en faire usage: Mais on croit devoir l'avertir que, s'il differe encore quelque temps d'exécuter sa promesse, on ne sera plus dans le cas de lui savoir gré de cette publication, parce qu'il sera prévenu. Comment croire en *M. Mesmer doit se hâter de publier sa découverte.* *Pourquoi?*

effet qu'une méthode confiée à un grand nombre d'hommes qui ne sont pas Médecins, ne devienne pas bientôt publique? Il y a sans doute de très-honnêtes gens parmi les éleves de M. Mesmer qui ne sont pas Médecins: mais il y a aussi des gens du bel air, des petits maîtres qui ont des maîtresses. Pense-t-on que, plus forts que Samson, ils résisteront aux caresses de ces nouvelles Dalila? Et que deviendra le secret?

C'est d'ailleurs un fait reconnu par lui, & donné pour raison du refus qu'il a fait à plusieurs Médecins, que des gens pourvûs naturellement d'une forte vertu magnétique peuvent, en imitant tout simplement ses procédés, procurer des crises, & des crises considérables. Si donc plusieurs personnes s'avisent de faire l'essai de leurs forces magnétiques...... Je lui laisse tirer la conséquence. Mais on sera d'autant plus disposé à faire cet essai, qu'on n'ignore pas qu'il n'y a aucun risque à courir; M. Mesmer assurant que le magnétisme animal ne peut jamais nuire.

Il

Il feroit donc de fon honneur de ne pas différer plus long-temps de rendre fa méthode publique. En vain continueroit-il d'alléguer les prétextes dont il s'eſt déjà ſervi pour retarder cette publicité. Il ne pourra jamais trouver de moyens pour la garantir de tous les inconvéniens qu'elle peut avoir, parce qu'il faudroit pour cela qu'il trouvât celui d'apprendre la médecine à tout le monde, & celui de corriger les gens qui, ayant le cœur mauvais, ſont diſpoſés à abuſer des meilleures choſes. Il n'ignore pas d'ailleurs que ces inconvéniens inévitables ſont compenſés, comme on vient de le voir, par les plus grands avantages. S'il perſiſte, malgré ces raiſons, à n'inſtruire que ceux qui le payent bien, il ſera regardé, avec juſtice, comme un homme inſatiable d'argent, & qui préfere ſes intérêts au bien public. C'eſt même en publiant ſa méthode ſans réſerve, qu'elle pourra plus facilement ſe perfectionner, parce que le vrai moyen de lui procurer la perfection dont elle eſt ſuſceptible eſt de faciliter la multiplication des expériences,

D

fous l'infpection & la direction des Médecins.

S'il ne le fait pas, M. d'Eflon doit le faire.

Au défaut de M. Mefmer, M. d'Eflon peut & doit le faire fans fcrupule ; puifque ce qu'il fait il l'a appris en voyant ce que voyent mille autres, & par fes propres réflexions. Il ne doit pas être retenu par les prétendus engagemens qu'il a paru contracter avec M. Mefmer ; ces engagemens font comme s'ils n'euffent jamais exifté, puifque M. Mefmer affure lui-même n'avoir pas rempli la promeffe qui en eft la bafe. Il eft donc le maître de faire tel ufage qu'il voudra des connoiffances qu'il a fur le magnétifme animal : & en les communiquant au public, il fe conduiroit en véritable Médecin. La confidération de fes propres intérêts feroit un motif trop bas pour le retenir ; & s'il y a quelque bénéfice à perdre pour lui par cette publicité, il vaut mieux qu'il en faffe un facrifice honorable au bien public, que de fe le voir enlever par quelqu'un, qui ayant fuivi comme lui les traitemens de M. Mefmer, ou les fiens propres, & ayant comme lui réfléchi fur ce qu'il a vu & opéré en conféquence, feroit parvenu à découvrir comme lui ce que l'on voudroit continuer de cacher.

F I N.

www.ingramcontent.com/pod-product-compliance
Lightning Source LLC
LaVergne TN
LVHW022357170726
843503LV00008B/3683